ग़ज़ल ए हयात

ज़ीनत अफरोज़ संभली

क्रम-सूची

क्रम-सूची

1. " आग़ाज़ "

" हसीं इस जहाँ को बना जाओगे तुम
जो उल्फत के नग़मे सुना जाओगे तुम

जुनूं की हदों से गुज़र कर तो देखो
सुकूं बन के आलम पे छा जाओगे तुम "
ज़ीनत अफ़रोज़ संभली
एम ' ए (उर्दू, इंग्लिश)

"

सभी दोस्तों को मेरा प्यार भरा सलाम
अस्सलामुअलैकुम, नमस्कार, आदाब "

मैं ज़ीनत अफ़रोज़ मेरी पैदाइश 1992 उत्तर प्रदेश के जिला सम्भल में हुई | मेरे वालिदे मोहतरम जनाब अली असग़र साहब और वालिदा मोहतरमा मरयम अफ़रोज़ साहिबा | मेरी पढ़ाई 12 वीं तक गर्ल्स कॉलेज से उसके बाद मैंने महात्मा ज्योतिबा फूले रोहिलखण्ड विश्वविधालय, बरैली के कॉलेज एम ' जी ' एम ' (पी ' जी) कॉलेज सम्भल से मैंने एम ' ए (उर्दू , इंग्लिश) की मुकम्मल पढ़ाई की, और मैं आज कई आल इंडिया मुशायरे में बतौर शायरा के तौर पर हिस्सा लेती रही हूं और आगे भी सिलसिला जारी है अब मैं अपनी साया किताब " ग़ज़ल ए हयात " से चंद ग़ज़लें आप सभी पढ़ने वालों की नज़र करना चाहूंगी दुआ और साथ की दरकार है | मेरी पहली साया किताब है, गर कोई गलती रहे तो माज़रत चाहूंगी...

Contact Us
Email : suhailanwar911@gmail.com

2. ग़ज़ल...

ज़िन्दगी इस तरह से बसर हो गई
जैसे तारीकियों में सहर हो गई

यूँ तो खामोश थे मेरे अलफ़ाज़ पर
दस्ताने वफ़ा पुर असर हो गई

मैंने मैराजे उल्फत ही समझा इसे
मेरे दिल पर जो तेरी नज़र हो गई

खुआब में इक झलक ही तेरी देखकर
आँसुओं से मेरी आँख तर हो गई

एक मरकज़ ही पे मैं ठहरी रही
सारी दुनिया इधर से उधर हो गई

ग़म छुपाती रही हर किसी से मगर
जाने तुझको ही कैसे खबर हो गई

बात करने की फ़ुर्सत नहीं थी तुझे
दोस्ती यूँ तेरी मुख़्तसर हो गई

ये हुनर जो मिला है तेरे प्यार में

शायरी इक मुकम्मल बहर हो गई

इसलिए आज ज़ीनत मैं तनहा नहीं
याद जो आपकी हमसफ़र हो गई

3. ग़ज़ल...

पुकारता है तुम्हें दिल भी हमनवा की तरह
खामोश आँखों ने आवाज़ दी ज़बां की तरह

तुम्हारी याद में ही कैद फिर मेरे दिल ने
बसा दिया है कफ़स को भी आशयां की तरह

चली जो माँ की दुआ साथ तो मेरी किस्मत
पहुँच गई है बलन्दी पे आसमां की तरह

नबी का ज़िक्र ही मुश्किल को टाल सकता है
सुनो यह ज़िक्र हमेशा ही तुम अज़ांकी तरह

गुज़ारता है जहाँ ज़िन्दगी वो अब ज़ीनत
बना लिया है उसे हमने आसतां की तरह

4. ग़ज़ल...

हाल से मेरे वाक़िफ़ जहाँ हो गया
राज़ आँखों से दिल का अयां हो गया

बे ख्याली में तेरे ख्यालात का
कारवाँ तेरी जानिब रवां हो गया

शायरी का तुझे मीर यूँ कह दिया
प्यार तेरा जो उर्दू ज़बां हो गया

तेरी खुशबू बसी जिस घड़ी सांस में
मुश्क से भी मुअत्तर समां हो गया

तू ही रस्ता मेरा और तू ही पता
तू ही मंज़िल का मेरी निशांहो गया

दिल की आहें तड़प कर फलक छू गईं
तू मगर इस कदर बद गुमां हो गया

ढूंढ पाने की कोशिश तो ज़ीनत ने की
तू ही ग़ायब न जाने कहाँ हो गया

5. ग़ज़ल...

दिल की आंखें जो खुली तो चश्मे ज़ाहिर सो गईं
परदे में बेहोश दुनिया की तमन्ना हो गई

हुस्न जो करने लगा इक दिन हिफाज़त इश्क़ की
हिज़्र की शब देख ये लम्हा ख़ुशी में रो गई

सब्र से दरिया सुकूं का दिल में जो बहने लगा
बारिशें तस्कीन जख़्मों के निशां भी धो गई

कुछ नहीं मुमकिन ज़माने में मुहब्बत के बगैर
हो न ये जज़्बा अगर दिल में तो मंजिल खो गई

खिल उठेंगे जिनसे गुल अहदे वफ़ा के देखना
बीज कुछ ऐसे ही ज़ीनत इस ज़मीं में बो गई

6. ग़ज़ल...

पता मंजिल का अपनी ढूंढती हूँ आसमां होकर
गली कूंचों में फिरती हूँ गुबारे कारवां होकर

तू देखेगा जो रहता है यूँ मुझसे बदगुमां होकर
मैं फैलुंगी मुहब्बत के जहाँ में दास्तां होकर

तुम्हारे आतशी जुम्ले जलाएंगे अगर मुझको
बुझाकर प्यार से उनको उठूंगी मैं धुआँ होकर

हवादिस को भी राहों की हराकर मैं दुआओं से
पहुँच जाउंगी तेरे पास इक दिन आशयां होकर

गवारा है ना ज़ीनत को तरक्की अपनी रिफअत से
उभरना है उसे तो शायरी में बे निशां होकर

7. ग़ज़ल...

ये मेरी जान तेरे प्यार के काबिल न हो जाए
कहीं इक रोज़ मेरा दिल तेरा ही दिल ना हो जाए

तेरे दीदार की खुआहिश में जीतीं है मेरी आँखें
के तू जो सामने आए नज़र कातिल ना हो जाए

सलीके से उतरना इश्क़ के सागर में तू वरना
के दामन मौजे तूफां दामने साहिल ना हो जाए

ना जाने याद क्यूँ तेरी मेरे दिल से नहीं जाती
मुझे डर है ये दिल खुद से कहीं गाफिल ना हो जाए

मैं यूँ ही खासकर ज़ीनत दुआएं रब से करती हूँ
के नफरत की हवा दिल में तेरे दाखिल ना हो जाए

8. ग़ज़ल...

रहबर की ज़बां से गर इन्कार नहीं मिलता
तो राहे सफर इतना दुश्वार नहीं मिलता

जो आपका खाबों में दीदार नहीं मिलता
तो दिल को भी खुशियों का अम्बार नहीं मिलता

मंज़िल की तड़प जिसके सीने में नहीं होती
तो उसको बुलंदी का मीनार नहीं मिलता

जो आज ही दुनिया से नफरत को मिटा डाले
इस फ़न में कोई माहिर फ़नकारनहीं मिलता

तस्कीन मेरे दिल की जिस दिल के नगर में थी
अफ़सोस उसी दिल में दिलदार नहीं मिलता

जिस रोज़ से दुनिया ने अंदाज़े वफ़ा बदला
यूसुफ ओ जुलेखा सा वो प्यार नहीं मिलता

हर शाख की बुलबुल के तू इश्क़ का दीवाना
इसलिए मेरा तुझसे मयार नहीं मिलता

हो जाए तरोताज़ा हर फ़िक्रों अमल जिससे

पढ़ने को को यहाँ ऐसा अखबार नहीं मिलता

बेचैन वो रहता है ये सोच के ही ज़ीनत
क्यूँ इश्क़ में अब उसके बीमार नहीं मिलता

9. ग़ज़ल...

तेरी नज़र में हसीं दास्तान का फ़न है
तुम्हारी हर अदा तारों के दिल की धड़कन है

गुलों को नग़मग़ी हासिल महकती छाओं है
सुना है ऐसा तेरे हुस्न का नशीमन है

शर्म आँखों में झपकती है पलक क्या कहना
शौक अंदाज़ यूँ झलकाए तेरा चिलमन है

देखकर हुस्न भी झुक जाए तेरी रंगत को
नाज़ तेरे ही उठाता ये हसीं गुलशन है

जिस तरफ आँख उठाती है ये ज़ीनत अपनी
तो वहां जलवा ए अफ़रोज़ तेरा दर्शन है

10. ग़ज़ल...

सताने लगती है जब तलखियाँ ज़माने की
तो चाह होती है दुनिया से दूर जाने की

अजीब जान है जिस रोज़ से मिली मुझको
तो बन गई है वजह मेरा दिल दुखाने की

ज़रा बता तू सही मुझसे रूठने वाले
कहाँ से लाऊँ वो तदबीर मैं मनाने की

ये आरज़ू थी तेरे रंग में यार ढल जाए
मगर अदा ना तेरी भायी भूल जाने की

कनारा कर लिया राहे सफर में तब उसने
के बारी आई जो उसके वफ़ा निभाने की

तुम्हारे दिल की अदावत ने कर दिया तन्हा
सज़ा ये खूब मिली तुमसे दिल लगाने की

उसी के प्यार की खुशबू से दिल महकता है
के गलती हमसे हुई जिसको आज़माने की

सिमट के आ गए तारे भी देख आँखों में

ये मेहरबानी तुमने की जो मुस्कुराने की

के ठान ली है ये ज़ीनत ने तेरी क़ुर्बत में
दीये वफ़ा के यूँ ही उम्र भर जलाने की

11. ग़ज़ल...

तुमसे बिछड़के खुद से बहुत दूर हो गए
खोया जो तुमको दिल से भी रंजूर हो गए

महसूस जो ये दिल को हुई तेरी दो रूखी
जज़्बात ए क़ुर्ब टूटके सब चूर हो गए

तुमसे सितम मिले थे सितमगर जो कल हमें
तो ज़ख्म उनके आज ये नासूर हो गए

मुद्दत के बाद याद जो तुमने मुझे किया
हंसकर तमाम अश्क़ बे दस्तूर हो गए

देखा था झाँककर तेरी आँखों में एक बार
तब से तेरे ग़म हमें मंजूर हो गए

जादू सा दिल पे हो गया जो तेरे प्यार का
तो तेरे दर पे रहने को मजबूर हो गए

रहबर तेरे हुनर की बुलंदी में इल्म की
सोहबत में तेरी हम भी यूँ मशहूर हो गए

जिन राहों पे चराग़ नुमायां थे क़ुर्ब के

नफरत के काफिले वहां माज़ूर हो गए

ज़ीनत वो लम्हा आपकी तक़दीर में ना हो
जो ये जहाँ कहे तुम्हें मग़रूर हो गए

12. ग़ज़ल...

निगाहों की नशीली छांव ने दिल पर ग़ज़ल कह दी
गुलाबों की तरह लब ने तेरे हिल कर ग़ज़ल कह दी

सितारे, चाँद, सूरज, दिलनशीं चमकीले जुगनू ने
तुम्हारे इश्क़ के ही नूर से खिल कर ग़ज़ल कह दी

ख़ुशी ओ ग़म की महफ़िल जो सजी इक रोज़ तूफां में
तो ग़म ने भी ख़ुशी के साथ ही मिल कर ग़ज़ल कह दी

तुम्हारे दूर जाते ही निकल कर मेरी आँखों से
लहू की बूँद ने फिर दर्द पर खुल कर ग़ज़ल कह दी

किसी की याद में ज़ीनत तड़प कर इक दीवाने ने
गिरेबां चाक करके फिर उसे सिल कर ग़ज़ल कह दी

13. ग़ज़ल...

नसीब अपना दुआ से बदल भी सकता है
स्याह रात सा बादल ये टल भी सकता है

समाया जिसने तकब्बुर मिज़ाज में अपने
तो अर्श पे वो पहुंचकर फिसल भी सकता है

ज़रा ये बात सबा जा के उनसे कह देना
बगैर उनके ये दिल बहल भी सकता है

चराग़ ए इश्क़ जलाना तू शौक से लेकिन
भड़क गया तो समंदर ये जल भी सकता है

ये काश मौजज़ा देखूं मैं अपनी आँखों से
ज़माना प्यार की राहों पे चल भी सकता है

बुलंद हौंसला राह ज़न हो जिनका राहों में
तो पाँव बर्फ पे उनका सँभल भी सकता है

दलील प्यार की ज़ीनत उसे क्या पेश करूँ
के जिसके हिज़्र में ये दम निकल भी सकता है

14. ग़ज़ल...

पढ़के अशआर तेरे ग़ज़ल सूना दी मैंने
एक हसीं शाम ख्यालों की सज़ा दी मैंने

कुछ खबर ही ना हुई तुझको तो मेरी लेकिन
तेरी यादों में ही ये उम्र गँवा दी मैंने

रंग लाएगी दुआ मेरी यकीं है मुझको
क्यूँ की फरयाद ही सज़दों में लगा दी मैंने

जो कई रोज़ से देखा नहीं खाबों में तुझे
तेरी तस्वीर ही अश्क़ों से बना दी मैंने

होके रुसवा मेरी दहलीज़ से ग़म है निकला
माँ की सूरत जो उसे घर में दिखा दी मैंने

पाल कर हुस्ने तमन्ना जो वफ़ा की तुझसे
किस कदर सख्त ये खुद को ही सज़ा दी मैंने

था ही ज़ीनत मेरा इतना सा फकत अपना कुसूर
एक मुनाफिक की जो औकात बता दी मैंने

15. ग़ज़ल...

तेरी जानिब ये तोहफे में मेरा पैग़ाम हो जाए
के तेरी महफ़िल में गाफिल हसीं शाम हो जाए

तेरी किस्मत में शामिल काश ये इनाम हो जाए
मुझे हासिल शहादत का वतन म जाम हो जाए

तेरी इमदाद की खातिर फरिश्ते भी उतर आएं
गरीबों का तेरी दौलत से जो कुछ काम हो जाए

मैं जां रूह और ये आँखे तुझपे ही कुर्बान कर जाऊं
ज़मीं दिल की जो तेरे इश्क़ मैं नीलाम हो जाए

मेरी दहलीज़ पे ज़ीनत तुम्हारे जो कदम आएं
तो दुनिया भर की ख़बरों में मेरा नाम हो जाए

16. ग़ज़ल...

" आँखें "

गिर के आखिर सँभल गईं आँखें
दुःख में हंसकर बहल गईं आँखें

सुनके आवाज़ दिल की आँखों से
तेरी जानिब निकल गईं आँखें

खुआब में जो नज़र गई तुझपर
चुपके-चुपके मचल गईं आँखें

हुस्न में देख सादगी उसके
अपनी किस्मत पे जल गईं आंखें

हिज़्र हो वस्ल हो या खुशहाली
सबके रंग में ही ढल गईं आँखें

जो मिली गैर से नज़र तेरी
देख खुआहिश बदल गईं आंखें

तेरी खातिर वो इश्क़ में ज़ीनत
ऐसे रोए के गल गईं आंखें

17. ग़ज़ल...

तेरा मिलना है के मुश्किल की घड़ी हो जैसे
रुक गये पाँव के जंजीर जड़ी हो जैसे

आईना देख के महसूस मुझे होता है
सामने तेरी ही तस्वीर खड़ी हो जैसे

तेरी यादों में जो आँखों से हैं निकले आंसू
तो कशिश दिल पे ये रहत की पड़ी हो जैसे

ना शिकायत ना ही शिकवे ना कोई हर्फ़ गिला
ऐसे चुप हैं के ये मंज़िल ही कड़ी हो जैसे

कितने नादां हैं जो ये ज़िद पे अड़े बैठे हैं
ये अना तेरी तो क़ुर्बत से बड़ी हो जैसे

अपने साये से भी डर के मैं लरज़ जाती हूँ
के कोई रेतपे दीवार खड़ी हो जैसे

तू ख़िज़ां में भी वो खुशबू ए सुखन है ज़ीनत
जिसकी बुनियाद ही गुलशन में गढ़ी हो जैसे

18. ग़ज़ल...

रोज़ मेरे ख़ुआब में तुम यूँ ना आया कीजिये
आ ही जाएँ गर तो फिर आके ना जाया कीजिये

गर नहीं किस्मत में मेरी साथ ही तेरा नसीब
नक्श यादों के मिरे दिल पर ना छाया कीजिये

हौंसला तुझमें ना हो अहदे वफ़ा के दरमियां
हाथ में वादों के तोहफे यूँ ना लाया कीजिये

बिन कहे बिन देखे ही मालूम है अहवाल ए दिल
आँसुओं से हाल अपना ना सुनाया कीजिये

रुख से जो पर्दा हटादे बे रूखी का वो अगर
कोई ग़म नज़दीक ज़ीनत फिर ना पाया कीजिये

19. ग़ज़ल...

थी गुज़ारिश दिल की सब फैसले होते हुए
रो दिए तक़दीर पर यूँ फैसला होते हुए

हो नहीं सकता कभी ये बात मुमकिन ही नहीं
पर हमारे टूट जाएं हौंसले होते हुए

साथ पाते हैं तुम्ही को हम ग़ामों की धुप में
बन के साया अब्र हो तुम फासले होते हुए

पहुँचे हैं किस तरह मज़िल आप ये ना पूछिए
राह भर तन्हा रहे है काफिले होते हुए

शाद और आबाद हैं ज़ीनत दिलों में कुरबतें
जीत तूफां में गए ये ज़लज़ले होते हुए

20. ग़ज़ल...

बहुत देखे हैं जज़्बे प्यार के आकर ज़माने में
मगर देखी नहीं वालिद की सी क़ुरबत ज़माने में

मिटाकर जिसने हस्ती हर ख़ुशी उस पर ही वारी है
के हर वालिद ने ही औलाद को अपनी सजाने में

रवैये से ही ज़ाहिर है तेरे दिल में रूतबा
के मिलता है सुकूं शायद तुझे सताने में

उतर जाता है अक्सर झूठ भी उसका मेरे दिल में
सलीके से वो माहिर है बहाना हर बनाने में

के रब के पास जाकर ही असर देगा बयां तेरा
नहीं यहाँ फायदा ज़ीनत जहाँ को ग़म सुनाने में

21. ग़ज़ल...

पास से गुज़री सबा तो उसने ये मुझसे कहा
नाम तेरा ही ज़बां पर उनकी मैंने है सुना

आँख भी है मुंतज़िर राहों में तेरी दीद की
इस डगर से कब वो आ जाएं उसे भी है पता

के दिल मुआत्तर कर दिया आकर ही तेरी याद ने
ऐसी यादों को भुला दूँ तेरी क्यूँ दिल से बता

ज्यादा ना इतराओ अपने हुस्न पर तुम दिल नशीं
ये फकत तुमसे मुहब्बत अपने दिल की है सज़ा

सिर्फ इतनी सी है खुआहिश सांस जब तक भी चले
कोई ना ज़ीनत कभी हो अपनी बातों से ख़फ़ा

22. ग़ज़ल...

तेरे बिन मेरा जीना बे वजह सा लगता है
ज़िन्दगी का हर लम्हा ही सज़ा सा लगता है

देखकर ज़िन्दगी परेशां है हाल ए दिल मसीहा भी
की मर्ज़ ये मुहब्बत का ला दवा सा लगता है

लब ना कर सके शिकवा तेरे दूर जाने का
बे वफ़ा तू है फिर क्यूँ बा वफ़ा सा लगता है

की दिल ने जो सदाएं दी होके बे असर लौटीं
इसलिए तू अब दिल से कुछ ख़फ़ा सा लगता है

बन के खुआब आँखों में उम्र भर जीया था जो
शख्स वो ही यूँ ज़ीनत हमनवां सा लगता है

23. ग़ज़ल...

भूल बैठा है धड़कना दिल मेरा इस मोड़ पर
कर दिया जो तूने तन्हा दिल से रिश्ता तोड़ कर

ये सज़ा किस जर्म के बदले में दी ऐ बेवफ़ा
जा रही हूँ अश्क़ से तर ग़म की चादर ओढ़कर

तेरी चाहत में गुज़ारी उम्र ये मैंने तमाम
सिलसिले यादों के तेरी अपनी जां से जोड़कर

तेरे दिल की वादियों में क़द्र तब होगी
जब चली जाउंगी इक दिन तुझको तन्हा छोड़कर

ख़त्म हो जाएगी ज़ीनत दर्द ओ ग़म की इन्तेहां
मौत जब रूह से लिपट जाएगी तेरी दौड़ कर

24. ग़ज़ल...

वो रूठते हैं हमसे मनाने के वास्ते
उनकी अदा ये हक़ है जताने के वास्ते

इल्ज़ाम दे दिया है बड़े शौक़ से हमें
की चाहत ही तुमने की है सताने के वास्ते

लेकर कमाल आती हैं यादें जनाब की
हर दर्दो ग़म को दिल से मिटाने के वास्ते

मांगी दुआ है रब से की मिल जाए तू हमें
सारी उम्र ये साथ बिताने के वास्ते

ज़ीनत हुनर ये सीख लिया उसने किस तरह
तुमको फकत ही अपना बनाने के वास्ते

25. ग़ज़ल...

जो कभी तेरे मन में साज़िशें नहीं होतीं
गैर की कभी हमको हाजतें नहीं होतीं

वो कभी नहीं उठते गिर के आँख से मेरी
जिनके दिल में अपनों की कुर्बतें नहीं होतीं

जो तलाश करते है माल व ज़र यहाँ आकर
उनकी तय ज़माने में मंज़िले नहीं होतीं

ग़फ़लतों के परदे में वो जीया करते है
जिन में हक़ को सुनने की ताकतें नहीं होतीं

जो कभी ना कर पायें खिदमतें बुजुर्गों की
उनके घर में खुशियों की बारिशें नहीं होतीं

हम जो याद करते है जब कभी तुम्हें ज़ीनत
छोड़ दे तुम्हें तन्हा चाहतें नहीं होतीं

26. ग़ज़ल...

जुस्तजू में तेरी शामिल है फकत पाना तेरा
खिल उठें तब मेरे जज़्बा जब हो मिल जाना तेरा

मुस्कराहट ला ही देता है लबों पर गुल ज़बीं
खुआब में रातों को मेरे यूँ चले आना तेरा

लज़्ज़त से सुन रहे थे सब तेरे ही कौल को
दुश्मन पे भारी पड़ गया महफ़िल में यूँ छाना तेरा

देख कर तस्वीर तेरी यूँ सहर मुझ पर हुआ
देखा ज़ीनत जिसको मैंने अक्स है माना तेरा

27. ग़ज़ल...

सिरे से आँचल ना कभी अपने हटाना हमदम
पर्दा ए शर्म ना आँखों से मिटाना हमदम

बस तेरे दिल में रहें इतनी है अपनी हसरत
उल्फतें गैर नहीं दिल में तू लाना हमदम

भूल जाने पे तेरे कितनी सज़ा पाएंगे
हम है मासूम हमें तुम ना भुलाना हमदम

जो हो कपड़ों की तरह रिश्ते बदलने वाले
ऐसे लोगों से नहीं हम को मिलाना हमदम

हों हसीं रंग ना खुशबू ए वफ़ा हो ज़ीनत
उस हसीं फूल से घर को ना सजाना हमदम

28. ग़ज़ल...

तमन्ना है मेरी लब पर ना तेरा नाम आने दूँ
तुझे छोड़ूं मई इस तरह ना तुझको साथ आने दूँ

याद आती नहीं मुझको तुझे अब भूल जाने दूँ
निशानी हो तेरी कोई उसे अब डूब जाने दूँ

यह वादा कर लिया मैंने तुझे अब और तड़पा दूँ
तड़प मेरी तेरे दिल में अभी कुछ और भड़का दूँ

सितमगर है तू बेहद ही तुझे कितनी सज़ा दे दूँ
इरादा है यह ज़ीनत का तुझे कुछ और जाने दूँ

29. ग़ज़ल...

हर तरफ शोर था मेरी फ़रियाद का
हक़ की उम्मीद फिर जा कहीं सो गई

चाहतों के समंदर तुझे क्यूँ मिले
नफ़रतें अपने हाथों से तू बो गई

आज इज्ज़त की फिर क्यों तलबगार तू
तेरी इज्ज़त नशे में जो थी खो गई

मेरी नज़रों में कीमत तेरी हो गई
ज़रिया ज़ीनत हया का जो तू हो गई

30. चंद अशआर

सुनने वालों को ये दीवाना बना देती है
दिल के सोए हुए जज़्बात भी जगा देती है

किस कदर ख़ूब है मत पूछ ये ग़ज़ल तेरी
तीरगी हो तो चरागों को जला देती है